FABLES

Cendrillon

Adaptation et activités de Lisa Suett
Version française : Dominique Guillemant
Illustrations de Chiara Nocentini

Lectures ELI Poussins

PIERRE BORDAS ET FILS

Avant de lire

1 Observe et écris les mots sous les images.

la citrouille • la baguette magique •
les demi-soeurs • l'invitation • le prince •
la souris • la fée marraine • le carrosse •
Cendrillon • le lézard

1 ____________ 2 ____________

3 ____________ 4 ____________ 5 ____________

6 ____________ 7 ____________

8 ____________ 9 ____________ 10 ____________

2 Cendrillon est le personnage principal de l'histoire. D'où vient ce nom ?

A ☐ Cendrillon s'assoit à côté de la cheminée où il y a des cendres. Ses demi-sœurs lui donnent donc ce surnom.

B ☐ C'est un nom anglais.

C ☐ C'est le nom que la fée marraine lui donne à sa naissance.

3 Comment Cendrillon se sent-elle ? Associe correctement.

1 ☐ Cendrillon est heureuse.

2 ☐ Cendrillon est surprise.

3 ☐ Cendrillon est fatiguée.

4 ☐ Cendrillon est triste.

2

Voilà l'histoire de Cendrillon.
Elle vit avec sa belle-mère et ses deux demi-sœurs.

Cendrillon porte de vieux vêtements, mais elle est en réalité très belle et très gentille.

Cendrillon est toujours très occupée. Elle travaille toute la journée ! Ses deux sœurs ne travaillent jamais.
Elles n'aident jamais la pauvre Cendrillon !

▶ 3

Cendrillon reste chez elle toute la journée. Elle a beaucoup de ménage à faire…

Nettoyer le sol

Faire la vaisselle

Cuisiner des plats

Faire la lessive

Repasser

Refaire le lit

Le soir, elle s'assoit à côté de la cheminée. Elle se sent seule et triste. ■

J'observe

Combien de souris vois-tu ?

☐ deux ☐ cinq ☐ neuf

▶ **4** Un jour, sa belle-mère reçoit une invitation du prince.

J'observe

Combien de lézards vois-tu ?

☐ sept ☐ trois ☐ cinq

5 Le samedi arrive et ses demi-sœurs sont très excitées. Cendrillon les aide à coudre les plus beaux vêtements et à choisir les plus belles chaussures. Elle les aide à s'habiller et à coiffer leurs cheveux. Ses deux demi-sœurs montent dans leur carrosse pour aller au bal. Cendrillon les salue de la main, puis elle se met à pleurer. Elle se sent si triste ! Elle rêve d'aller au bal elle aussi !

Associe les verbes aux images.

1 ☐ S'habiller

2 ☐ Se laver les cheveux

3 ☐ Saluer de la main

4 ☐ Se brosser les dents

Tout à coup elle voit une forte lumière et une bonne vieille dame apparaît.

– Qui es-tu ? demande Cendrillon.

– Je suis ta marraine, répond la fée. Pourquoi pleures-tu ?

– Parce que je ne peux pas aller au bal, dit Cendrillon.

– Tu es une jeune fille très gentille et moi, je te dis que tu peux aller au bal !

6 – Aller au bal ? Mais comment chère marraine ? demande Cendrillon.

– Va dans le jardin me chercher une citrouille, un chat, six souris blanches et trois lézards verts, dit la fée.

Cendrillon court chercher une citrouille, un chat, six souris blanches et trois lézards verts. La fée marraine agite sa baguette magique et FLASH !

La citrouille se transforme en carrosse doré.
Les souris se transforment en six chevaux blancs.
Le chat se transforme en cocher.
Les lézards se transforment en laquais.

Cherche les mots suivants dans la grille, trouve le mot caché et complète la phrase.

L	E	Z	A	R	D	B	C	A	D
B	L	P	R	I	O	N	H	F	A
A	C	E	V	E	R	T	A	E	M
L	B	A	G	U	E	T	T	E	E
C	I	T	R	O	U	I	L	L	E

baguette
chat
citrouille
vert • dame
doré • fée
lézard • bal

Cendrillon rêve d'aller au ☐☐☐ du ☐☐☐☐☐☐.

7 La fée marraine regarde la vieille robe de Cendrillon.
La fée marraine agite sa baguette magique sur Cendrillon – FLASH !

Cendrillon regarde sa robe… maintenant elle porte une robe magnifique !
Et elle porte de jolies chaussures en cristal !

– Maintenant va au bal et amuse-toi bien ! Mais n'oublie pas une chose importante : tu dois rentrer avant minuit ! Ma magie va disparaître à minuit, dit la fée marraine.
– D'accord. Merci beaucoup ! répond Cendrillon.

8 *Au château tu veux aller ?*
Alors écoute la fée
Ces chaussures en cristal
Te permettent d'aller au bal

Grâce à sa baguette magique
Ta robe est magnifique
Quatre, trois, deux, un
Tu vas rencontrer ton prince

Pas question de cuisiner !
Pas question de repasser !
Toi profite de ta journée
Toi aussi tu es invitée

9

Au bal, tout le monde porte de beaux vêtements.

Au château, tout le monde regarde Cendrillon.
Cendrillon danse toute la nuit avec le prince.
Le prince pense que c'est la plus belle jeune fille au monde.

Colorie la robe en violet.
Colorie le chapeau en jaune.

10 Cendrillon danse toute la nuit, mais soudain elle entend l'horloge DING ! DONG ! DING !

– Oh non ! Je dois rentrer. La magie disparaît à minuit, dit Cendrillon.
– Attends ! Reviens ! Je ne connais pas ton prénom ! crie le prince.

Cendrillon n'attend pas une minute. Elle descend vite les escaliers et elle perd une chaussure en cristal.
Le prince voit la chaussure.

– C'est sa chaussure. Je vais me servir de cette chaussure pour la retrouver, pense le prince.

Le prince va dans toutes les maisons. Il demande à toutes les filles d'essayer la chaussure. Même les demi-sœurs de Cendrillon essaient la chaussure !

11 Alors Cendrillon entre dans la pièce. Elle essaie la chaussure.

– Votre pied rentre !! dit le prince. Vous êtes vraiment une jeune fille très spéciale.

Seules les filles spéciales
Ont des chaussures en cristal
Je ne veux plus vous quitter
Voulez-vous m'épouser ?

Ses demi-sœurs sont très surprises. Elles ne savent pas quoi dire !
Mais le prince sait quoi dire… il demande à Cendrillon de l'épouser.

On organise un grand mariage avec beaucoup de choses à manger, de la musique et un grand bal. Cendrillon et le prince dansent et sont très heureux.

Morale de l'histoire: il ne faut pas se décourager ! ■

Est-ce que tu crois que les demi-sœurs de Cendrillon sont heureuses ?

Page Brico

Des masques pour le bal

Materiel nécessaire
- du bristol coloré
- un crayon de bois
- des ciseaux
- du ruban adhésif
- des crayons de couleur
- un bâtonnet

1

Plie le bristol en deux.

2

Dessine la forme de ta main.

3

Découpe ta main.

4

Fais deux trous pour les yeux. Colorie.

5

Colle le bâtonnet avec du ruban adhésif.

6

Tu peux réaliser beaucoup de masques pour tes amis.

Tous en scène !

LE NARRATEUR. Voilà l'histoire de Cendrillon.

CENDRILLON [*elle arrive et elle salue*] Salut ! Je m'appelle Cendrillon. Je vis avec ma belle-mère et mes demi-sœurs.

[*la belle-mère et les demi-sœurs montent sur scène*]

LA BELLE-MÈRE. Cendrillon, je veux une tasse de thé !

LES DEMI-SOEURS. Cendrillon, fais le repassage !

LE NARRATEUR. Pauvre Cendrillon ! Elle travaille toute la journée.

CENDRILLON. Je cuisine des plats, je fais la vaisselle, je nettoie le sol… Oh ! Comme je suis fatiguée !

[*Cendrillon s'assoit à côté de la cheminée et s'endort*]

LE NARRATEUR. Un jour, le facteur apporte une lettre spéciale.

LE FACTEUR [*il frappe à la porte*] Toc, toc. Voilà une lettre du prince.

[*il donne la lettre à Cendrillon*]

CENDRILLON. Merci beaucoup !

LA DEMI-SOEUR 1. Qu'est-ce que c'est ?

LA DEMI-SOEUR 2. Donne-moi cette lettre ! [*elle prend la lettre et l'ouvre*] Regarde ! C'est une invitation du prince. Samedi il y a un bal au château. Formidable !

CENDRILLON. Est-ce que je peux venir au bal avec vous ?

LA BELLE-MÈRE. Non ! Tu as trop de travail. Et tu n'as pas assez de vêtements pour aller au bal !

LE NARRATEUR. Cendrillon est triste. Elle doit même aider ses demi-sœurs à se préparer pour le bal.

LA DEMI-SOEUR 1. Regarde comme je suis jolie !

LA DEMI-SOEUR 2. Regarde quelle jolie robe !

LA BELLE-MÈRE. Partons pour le bal mes chères filles.

LE NARRATEUR. Cendrillon les salue de la main. Puis elle s'assoit à côté de la cheminée et se met à pleurer.

CENDRILLON. Je veux tellement allez au bal.

LE NARRATEUR. Tout à coup elle voit une forte lumière et une dame apparaît.

CENDRILLON. Qui es-tu ?

LA FÉE MARRAINE. Bonjour Cendrillon. Je suis la fée marraine. Pourquoi es-tu triste ?

CENDRILLON. Je ne peux pas aller au bal.

LA FÉE MARRAINE. Cendrillon, tu peux aller au bal. Aide-moi ! Va chercher une grosse citrouille, un chat, six souris blanches et trois lézards verts.

[*Cendrillon apporte une grosse citrouille, un chat, six souris blanches et trois lézards verts*]

LE NARRATEUR. La fée marraine agite sa baguette magique.

CENDRILLON. Super ! Un carrosse doré, six chevaux blancs, un cocher et des laquais !

LA FÉE MARRAINE. Ferme les yeux Cendrillon !

LE NARRATEUR. La fée marraine agite sa baguette magique.

LA FÉE MARRAINE. Ouvre les yeux, Cendrillon !

CENDRILLON. Oh ! Comme ma robe est belle. Et regarde mes chaussures en cristal !

TOUS ENSEMBLE [*chant*]
Au château tu veux aller ?
Alors écoute la fée
Ces chaussures en cristal
Te permettent d'aller au bal

Grâce à sa baguette magique
Ta robe est magnifique
Quatre, trois, deux, un
Tu vas rencontrer ton prince

Pas question de cuisiner !
Pas question de repasser !
Toi profite de ta journée
Toi aussi tu es invitée

LA FÉE MARRAINE. Cendrillon, maintenant tu peux aller au bal. Mais la magie va disparaître à minuit. Tu dois donc rentrer à minuit.

CENDRILLON. D'accord, merci chère fée marraine.

LE NARRATEUR. Cendrillon arrive au château.

LE PRINCE [*il s'adresse à Cendrillon*] Bonjour mademoiselle, vous dansez ?

CENDRILLON. Oh, oui merci.

LE NARRATEUR. Personne ne connaît Cendrillon.

LA DEMI-SOEUR 1. Qui est-elle ?

LA DEMI-SOEUR 2. Je ne sais pas.

LE NARRATEUR. Le prince et Cendrillon dansent toute la nuit. Mais l'horloge sonne – DING! DONG! DING!...

CENDRILLON. Oh non ! Je dois rentrer. La magie disparaît à minuit.

LE NARRATEUR. Cendrillon court dans les escaliers. Elle perd une chaussure en cristal dans les escaliers.

LE PRINCE. Attends ! Comment t'appelles-tu ? [*le prince voit la chaussure en cristal*] C'est sa chaussure. Je peux utiliser cette chaussure pour retrouver cette jeune fille.

LE NARRATEUR. Le prince va dans toutes les maisons. Il demande à toutes les filles d'essayer la chaussure.

[*le prince met la chaussure à la première demi-sœur*]

LA DEMI-SOEUR 1. Oh non, elle est trop grande.

[*le prince met la chaussure à la seconde demi-sœur.*]

LA DEMI-SOEUR 2. Oh non, elle est trop petite

CENDRILLON. Est-ce que je peux essayer la chaussure ?

LE PRINCE. Oui, bien sûr.

CENDRILLON. Elle rentre. C'est ma chaussure.

LE PRINCE. Tu es vraiment une jeune fille très spéciale.

[*la belle-mère et les demi-sœurs sont surprises et en colère*]

LE PRINCE. Cendrillon, veux-tu m'épouser et venir vivre au château ?

CENDRILLON. Oui !

TOUS ENSEMBLE [*chant*]

Seules les filles spéciales
Ont des chaussures en cristal
Je ne veux plus vous quitter
Voulez-vous m'épouser?

LE NARRATEUR. On organise un grand mariage. Cendrillon et le prince sont heureux.

FIN

Jouons ensemble !

1 Entoure les intrus.

1 triste bal heureux gentille

2 citrouille chat lézard souris

3 chaussure robe vêtement escalier

2 Associe les phrases aux horloges.

1 Cendrillon nettoie
le sol à onze heures.

2 Cendrillon refait
les lits à huit heures
et demie.

3 Le bal est
à sept heures.

4 La magie disparaît
à minuit.

A

B

C

D

3 **Et toi ? Réponds aux questions et complète les horloges.**

1 À quelle heure te lèves-tu le matin ?

____

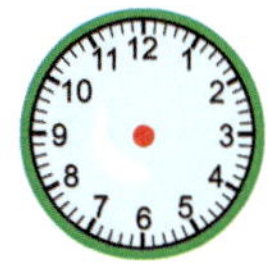

2 À quelle heure déjeunes-tu ?

____

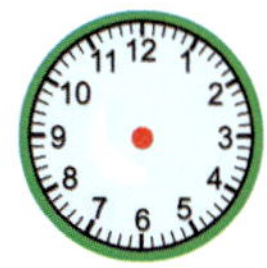

3 À quelle heure sors-tu de l'école ?

____

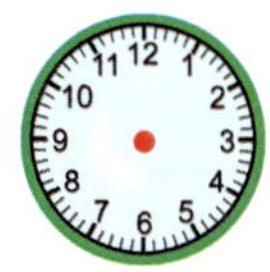

4 À quelle heure vas-tu te coucher ?

____

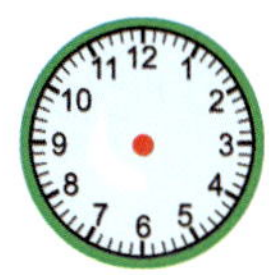

4 **Complète les phrases avec le mot interrogatif qui convient.**

Pourquoi • Où • Qui • Quand • Qu'est-ce que

1 __________ Cendrillon s'assoit tous les soirs ?
2 __________ Cendrillon fait toute la journée ?
3 __________ aide Cendrillon ?
4 La fée marraine demande :
« __________ est-ce que tu pleures ? »
5 __________ la magie va disparaître ?

5 **Cherche 14 mots du conte dans la grille et utilise les lettres restantes pour compléter la phrase.**

M	A	C	H	E	M	I	N	E	E
C	H	A	T	E	A	U	F	R	R
C	A	R	R	O	S	S	E	B	A
I	H	O	R	L	O	G	E	A	L
C	I	T	R	O	U	I	L	L	E
H	N	E	M	A	R	O	B	E	Z
A	R	I	P	R	I	N	C	E	A
T	E	M	A	I	S	O	N	R	R
V	E	T	E	M	E	N	T	S	D

Grâce à sa _ _ _ _ _ _ _ _ ,
Cendrillon va se _ _ _ _ _ _ .

6 **Entoure le bon mot et complète les phrases.**

1 Cendrillon est ______ .
magique belle doré

2 Les demi-sœurs n'aident ______ Cendrillon.
jamais toujours parfois

3 Le bal a lieu au ______ .
maison jardin château

4 La citrouille devient un ______ .
carrosse cheval chat

5 Cendrillon perd sa ______ dans les escaliers.
horloge chaussure robe

7 Numérote les images pour remettre l'histoire dans le bon ordre.

A ◯

B ◯

C ◯

D ◯

E ◯

F ◯

8 Complète les phrases avec les verbes manquants. Conjugue les verbes au présent.

arriver • se marier • aller • danser • travailler • aider

1 Cendrillon ______________ toute la journée.
2 Un jour, une invitation ______________ .
3 Les demi-sœurs ______________ au bal.
4 Une dame ______________ Cendrillon.
5 Le prince ______________ toute la nuit avec Cendrillon.
6 Le prince ______________ avec Cendrillon.

9 Le prince et Cendrillon sont prêts pour le bal. Lis et colorie leurs vêtements.

Le prince porte une chemise bleue, un pantalon vert, un chapeau jaune et une veste violette. Cendrillon porte une robe rose et des chaussures en cristal.

10 Qu'en penses-tu ?

Je pense que cette histoire est ________________ .
Mon personnage préféré est ________________ .
J'aime l'épisode où ________________ .
Je n'aime pas l'épisode où ________________ .
Est-ce que tu as envie d'être une princesse/un prince ? Pourquoi? ________________
________________ .